CATALOGUE

DE

18 TABLEAUX · ANCIENS

DEUX BUSTES EN MARBRE

ET

UNE STATUE EN BRONZE

DONT LA VENTE AURA LIEU

HOTEL DROUOT, SALLE N° 3

LE JEUDI 6 AVRIL 1882

À TROIS HEURES

Par le ministère de M⁰ E. BERTHELIN, Commissaire-Priseur

20, rue Le Peletier

Commis d'office à cet effet.

EXPOSITION

Le Mercredi 5 Avril 1882, de 1 heure à 5 heures

Le présent Catalogue se trouve chez M⁰ BERTHELIN et rue du
Cherche-Midi, n° 23, où on peut voir les œuvres de 1 à 4 heures.

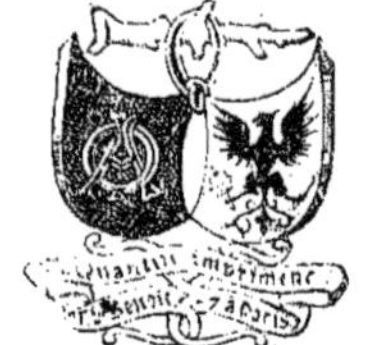

CONDITIONS DE LA VENTE

Elle sera faite au comptant.

Les acquéreurs payeront 5 pour 100 en sus des adjudications, applicables aux frais.

————

L'Exposition mettant les acquéreurs à même de se rendre compte de l'état et de la nature des objets, il ne sera admis aucune réclamation, une fois l'adjudication prononcée.

————

La Commission d'office de Mʳ BERTHELIN, par M. le Procureur de la République, a eu lieu sous la prescription qu'il serait fait aux Affiches et au Catalogue la mention suivante :

« Sans aucune garantie de la part du Commissaire-Priseur, quant à
« l'origine des œuvres mises en vente et à la vérité des attributions portées
« dans le Catalogue, lesquelles ne peuvent engager que la seule responsabilité
« du vendeur, et que cette mention sera reproduite sous forme d'avis, à la
« mise en vente de chaque article.

18 TABLEAUX ANCIENS

DEUX BUSTES EN MARBRE

ET

UNE STATUE EN BRONZE

———

Visibles, avant leur exposition à l'Hôtel des Ventes, même
le Dimanche, de 1 à 4 heures, rue du Cherche-Midi, n° 23.

———

DÉSIGNATION

ÉCOLE ESPAGNOLE

MURILLO (Bartolomé-Esteban)

1618 — 1682 — Séville

1. — Saint François d'Assise.

Saint François d'Assise est à genoux; il a le devant du corps tourné à droite du tableau; au devant de lui se voient un grand livre ouvert, une tête de mort et un Christ en croix.

Il est représenté avec le nimbe, les bras repliés vers les coudes et les avant-bras ramenés vers la poitrine. La main droite, dont les doigts sont en dedans, est posée dessus son avant-bras gauche, et la main gauche repose sur son épaule droite.

Le personnage est à peu près d'un tiers nature.

Derrière lui, on voit le monastère et le paysage d'alentour.

Bois : haut., 0ᵐ,95; larg., 0ᵐ,70.

ÉCOLE FLAMANDE

DYCK (Anton van)

1598 — 1641 — Anvers

2. — Antiope et Jupiter.

On voit, à l'extrémité droite, une draperie écarlate qui passe, à une certaine hauteur, derrière un tronc d'arbre creux, s'abaisse vers le bas du tableau en venant à gauche et s'y étend dans presque toute la longueur.

Antiope, qui est couchée un peu sur le côté droit et endormie, a le bas du corps sur cette draperie et le haut sur une draperie verte. Son bras gauche est allongé le long de son corps et son extrémité se perd au fond du tableau, derrière elle et sur la première draperie qui lui tombe en pointe vers le devant de la hanche gauche. Elle a l'autre en arrière et tient de la main droite une draperie blanche. Elle a les jambes étendues et le bas de la droite passé derrière le bas de la gauche.

Au second plan, on voit, un peu à gauche, Jupiter, et, au milieu, un aigle qui tient la foudre dans son bec. Jupiter, un peu penché, saisit vers le haut de la jambe gauche d'Antiope la draperie qui s'y trouve, pour l'écarter et pouvoir plus complètement admirer la beauté de son corps.

Au haut du tableau, à droite, par une échappée de vue apparaît un beau paysage.

Les sujets sont à peu près de grandeur naturelle.

Bois sculpté : haut., 1ᵐ,11 ; larg., 1ᵐ,46.

Observations : la gravure de cette composition se trouve parmi les gravures des œuvres de van Dyck dont la collection est conservée à la Bibliothèque nationale. D'un autre côté, nulle part il n'est parlé de l'existence de l'œuvre dans un musée ou une collection particulière quelconque.

Ainsi, indépendamment de ce que l'originalité de l'œuvre que nous cataloguons résulte de cette œuvre elle-même, tout porte à croire que l'auteur ne l'a pas répétée et qu'elle est unique.

RUBENS (Peter-Paul)

1577 — 1640 — Siegen ou Cologne

3. — Silène.

Silène est soutenu par deux satyres. Des extrémités droite et gauche du tableau s'élève un arbre de vigne dont les branches feuillées et chargées de raisins forment guirlande au-dessus des trois personnages en se joignant par leur extrémité vers le milieu du tableau.

Les personnages sont à peu près d'un quart nature.

Grisaille sur bois.

Bois : haut., 0ᵐ,50 ; larg., 0ᵐ,40.

RUBENS (Peter-Paul)

4. — La Sainte Famille.

Marie, assise, vêtue d'une robe écarlate et portant un manteau bleu, a, sur ses genoux, l'enfant Jésus qu'elle vient d'allaiter. Elle a la tête légèrement tournée à gauche et les yeux dirigés vers le bas du tableau où se voit un ange qui porte une corbeille de raisins et d'autres fruits. Elle a la main droite portée vers le coude de l'enfant Jésus et l'autre placée sur le bas de son dos.

L'enfant Jésus pose gentiment sa joue droite sur le sein de sa mère et a sa main droite au-dessus. Il a le bras gauche replié vers le coude et la main placée vers le bord du corsage de la robe de sa mère.

A droite, on voit Joseph dans une attitude d'admiration.

A gauche, une échappée laisse voir un paysage.

Les personnages sont d'une grandeur à peu près naturelle.

Bois : haut., 1ᵐ,10 ; larg., 1ᵐ,60.

RUBENS (Peter-Paul)

5. — La Sainte Famille.

Marie, assise, a le bras droit replié vers le coude; elle tient dans sa main un voile artistement réuni entre le pouce et l'index et touche par trois des doigts de l'autre main le bas de la jambe gauche de l'enfant Jésus, étendu et nu sur ses genoux.

Marie est vêtue d'une robe dont la couleur éclatante fait ressortir le ton des chairs.

On voit derrière elle Joseph, les bras croisés vers les poignets, et le menton appuyé sur la main droite, contemplant le divin couple.

Cette composition est de la plus belle couleur. On admire particulièrement le corps de l'enfant Jésus, qui est modelé avec la plus grande aisance, et la sublime expression enfantine que le célèbre artiste a donnée à la figure.

L'œuvre est, sans contredit, l'une de celles où Rubens s'est le plus caractérisé.

Il y a aussi du Raphaël dans cette œuvre. Cette circonstance fait supposer que Rubens l'a faite pendant son voyage en Italie, ou aussitôt après en être revenu et sous l'inspiration des œuvres de cet immortel artiste qu'il avait sous les yeux ou qu'il venait de voir.

Les personnages sont d'une grandeur à peu près naturelle.

Bois : haut., 0^m,90; larg., 0^m,72.

ÉCOLE HOLLANDAISE

MIERIS (Fransz van)

1635 — 1684 — Leyde

6. — Joseph et la femme de Putiphar.

La femme de Putiphar est adossée à son lit, en partie déshabillée; ses objets de toilette sont sur un meuble placé à la tête du lit; elle a son pied gauche sur le pied droit de Joseph; elle lui a saisi de la main gauche son vêtement au collet et le tient encore de la main droite par l'avant-bras gauche. Joseph cherche à se dégager et détourne la tête pour ne pas voir l'impudique.

Les personnages sont d'à peu près un quart nature.

Leur attitude est des plus expressives.

On remarque les détails d'exécution et la beauté des couleurs.

Bois : haut., 0^m,96; larg., 1^m,05.

POTTER (Paulus)

1625 — 1654 — Onckhuyzen

7. — Jeune Taureau.

Ce taureau, d'une robe de multiples couleurs, se voit au devant du tableau dans un herbage.

A gauche, dans un fourré de hauts chardons, se trouve un chien d'une robe de couleurs variées parfaitement rendu, la gueule ouverte et les yeux dirigés vers le taureau, en un mot, dans une attitude d'aboiement des mieux réussies.

Au fond, un peu dans le lointain, on voit, vers la gauche, un troupeau de bêtes à cornes qui paissent, un chien à la poursuite de l'une d'elles, et des personnes, et, vers la droite, un paysage accidenté par des monticules.

L'œuvre est faite avec une telle vigueur, une telle franchise et sûreté de touche, qu'il est impossible de douter de son originalité.

Au bas du tableau, à gauche, on lit très distinctement le nom de *Potter;* mais il n'est pas aussi facile de lire le prénom *Paulus* dans les caractères qui précèdent ce nom.

Le sujet est d'environ deux tiers nature.

Bois : haut., $4^m,30$; larg. $4^m,80$.

Le tableau a été rentoilé.

ÉCOLE ITALIENNE

ALLEGRI (Antonio) dit il CORREGIO

1494 — 1534 — Corregio

8. — Une Sainte en prière.

Le sujet est une jeune femme aux regards baissés et à la tête inclinée; ses cheveux, dont une mèche se voit sur le devant du côté droit, sont en désordre; sa bouche semble rendre un dernier soupir et ses yeux sont fatigués par les larmes.

Le Corrège est peut-être le seul peintre qui ait su donner aux yeux baissés une expression aussi pénétrante que s'ils étaient élevés vers le ciel. Le voile qu'il jette sur son sujet ne lui dérobe en rien le sentiment ni la pensée, mais y ajoute un charme de p us, celui d'un sentiment mystérieux.

C'est une œuvre de la plus délicate originalité.

Bois : haut., 0^m,50 ; larg., 0^m,35.

ALLEGRI (Antonio) dit il CORREGIO

9. — Un Christ.

Ce Christ est en croix et a une hauteur de $1^m,10$.

L'immortel auteur de cette œuvre n'a rien négligé pour la rendre digne de lui. Le sang qui s'échappe des cinq plaies et son écoulement y sont supérieurement rendus. Il en est de même des gouttelettes de sang que le poids du corps produisit en s'affaissant.

Une draperie blanche entoure le Christ vers les reins et est des mieux jetées.

On voit, au bas, le rempart de la ville de Jérusalem et un assemblage de constructions.

La rusticité du bois de la croix et l'expression de la figure du Christ en font une œuvre de la plus réelle originalité.

Cette œuvre est signée Lieto, nom dont le Corrège signait quelquefois ses œuvres.

On lit en effet à cet égard : *Histoire des peintres,* par Vasari, édition Le Monnier, vol. VII, p. 95, note 4 :

« Allegri fu solito di sottoscriversi *Antonio Lieto* ovvero *Antonio Laeti,* latinizzando il suo vero cognome. »

Traduction : Allegri signait habituellement Antonio Lieto ou Lieti, en latinisant son nom.

Et, même histoire, traduite et annotée par MM. Jeanron et Léopold Leclanché, t. IV, p. 68, note 4 :

« Le Corrège signait quelquefois Lieti ou Lieto. »

Bois : haut., $1^m,62$; larg., $1^m,03$.

ALLEGRI (Antonio) dit il CORREGIO

10. — Io et Jupiter.

Io est assise. Son côté gauche et le haut de son côté droit jusqu'à l'épaule sont au devant du tableau ; le reste du corps regarde le fond. Son bras droit est posé sur une draperie blanche qui descend le long de son côté droit, s'échappe de dessous elle et tombe sur le derrière de son siège.

Au second plan, on voit Jupiter qui l'embrasse en la tenant par la main droite au-dessous de son épaule gauche.

Au bas, à droite, s'aperçoivent le cou et la tête d'un cerf qui boit, une urne d'où sort une plante, et, à l'extrémité gauche, un paysage.

Les personnages sont à peu près de grandeur naturelle.

Bois : haut., $1^m,30$; larg., $0^m,98$.

Nota. — Dans la collection des gravures des œuvres du Corrège qui existe à la Bibliothèque nationale, le sujet : Io et Jupiter, s'y trouve en trois exemplaires tout à fait différents, et on est ainsi amené à reconnaître que le Corrège l'a répété et que ce sujet était de ceux qui lui plaisaient tout particulièrement.

ALLEGRI (Antonio) dit il CORREGIO

11. — Léda.

Léda, de grandeur à peu près naturelle, est debout. Une draperie or, qui s'aperçoit dans presque toute la hauteur de son côté gauche, apparaît plus voyante à son côté droit, vient se draper vers le milieu de son corps et reparaît vers le bas de sa jambe droite qu'elle couvre sur une longueur d'environ dix centimètres. On voit, à sa gauche, l'avant du corps d'un cygne d'une grandeur proportionnelle à la sienne. Elle le tient par le cou, de la main droite, et pose la gauche sur son dos.

Un paysage est à l'extrême gauche.

Au bas, du même côté, on voit Castor et Clytemnestre, ainsi que Pollux et Hélène et les coques des deux œufs d'où ils sont sortis.

Bois : haut., 1^m,40; larg., 0^m,93.

BERRETTINI (PIETRO) dit da CORTONA

1596 — 1669 — Cortona

12. — Laban à la recherche de ses idoles.

Laban fouille dans un coffre d'où on a déjà retiré une riche buire et son plateau et d'où l'on sort de magnifiques étoffes; Jacob en tient le couvercle et aide Laban dans ses recherches; Rachel est à droite, assise, dans l'attitude de l'appréhension, et, entre elle et Jacob, se trouve Lia, debout, un enfant dans les bras, son regard obliquement dirigé vers sa sœur qu'elle observe d'un œil scrutateur. On voit, à gauche, des chameaux, et trois personnes dont deux sont occupées à décharger des paquets et l'autre à en délier un.

La scène se passe en pleine campagne. On aperçoit, à droite, une maison sur une élévation.

Les sujets sont à peu près d'un quart nature.

Bois : haut., 0^m,99 cent.; larg., 0^m,83.

BUONARROTTI dit MICHEL-ANGE

1474 — 1564 — Château de Caprèse

13. — Saint Jérôme.

On voit, à l'extrémité droite du tableau et dans presque toute sa hauteur, une guirlande de toutes petites feuilles et toutes délicates petites fleurs; un arbre qui, à une hauteur d'environ huit centimètres, se perd dans le tableau ; un autre arbre qui se perd au haut du tableau et qui est entouré par cette même plante jusque vers son milieu et par une autre depuis sa base jusque près de son faîte.

Au haut du tableau, vers le milieu, et dans une galerie, sont deux moines dont l'un a un livre ouvert ; un peu au-dessous, trois oiseaux, et, au fond, à gauche, un beau ciel bleu et des nuages.

A l'extrême gauche se dresse une forteresse sur un rocher, et, au bas, on remarque deux hommes de guerre sur une route en pente, un fleuve, de petits bateaux, des ponts, des tourelles et autres constructions.

Si l'on vient à droite, on aperçoit un arbre dont se détache une forte branche ; à leur jonction, un chapeau rouge à larges bords et une draperie de même couleur ; à la cime de la branche, une croix et un christ ; plus en avant, un tronc d'arbre creux.

Puis on voit saint Jérôme, debout dans sa grotte, le dos au fond du tableau et la tête tournée à droite. Il est ceint vers les reins d'une draperie blanche, retenue au-dessus de sa hanche gauche par une boucle et un crochet dissimulés sous un nœud. Cette draperie lui couvre le devant, le haut de la jambe droite et tombe derrière son corps. Il a dans sa grotte une tête de mort, un oiseau, un chat, une burette, un plat dressé à terre et une assiette.

Au bas, sur le devant, un peu à droite, on revoit saint Jérôme, adossé au pied de l'arbre de droite et assis par terre sur une draperie verte qui l'entoure vers les reins. Cette draperie, nouée sur le devant, lui tombe entre les jambes. Saint Jérôme a le bras gauche légèrement en arrière, un peu replié vers le coude, et la main, dont les doigts sont fermés, appuyée par son revers sur la tête d'un lion ; il a la jambe gauche complètement étendue et la droite repliée au contraire vers le genou ; il tient, de la main droite, une tête de mort sur laquelle ses yeux se portent.

Le monogramme de Michel-Ange se voit à gauche sur un tronc d'arbre de quatre centimètres de haut que l'artiste a placé là dans l'unique et évidente intention d'y apposer son chiffre.

Pour s'assurer de l'authenticité de ce monogramme dont voici le facsimilé :

voir : 1° François Brulliot, *Dictionnaire des monogrammes,* 1re partie, nº 950; — Théodore Lejeune, *Guide des amateurs de tableaux*, t. III, p. 28 ; — Siret, *Dictionnaire historique des peintres*, p. 148.

CARRACCI (ANNIBALE)

1560 — 1600 — Bologne

14. — Saint Saturnin.

Saint Saturnin, de grandeur naturelle, dont le bas du corps se perd dans des nuages et au bas du tableau, est représenté avec le nimbe. Une longue barbe blanche lui orne la figure; il est vêtu de noir et a les mains levées.

On voit, à chacun de ses côtés, un ange qui lève les yeux sur lui; on en voit encore deux à gauche du tableau : l'un qui tient sa crosse et l'autre sa mitre.

On remarque, à l'extrémité gauche du haut du tableau, un soleil qui projette ses rayons, et, au coin, en bas du même côté, un oiseau et une échappée de paysage.

Saint Saturnin subit le martyre à Toulouse en 250.

Bois : haut. 1ᵐ,41 ; larg. 1ᵐ,65.

LUCIANO dit FRA SEBASTIANO DEL PIOMBO

1485 — 1547 — Venise

15. — Portrait à mi-corps.

Ce portrait est celui de saint Pierre. Il est de la meilleure peinture et tout à fait remarquable.

Saint Pierre est représenté avec une longue barbe grise, le bras droit replié vers le coude qui se perd en dehors du tableau et la main ramenée vers le haut de la poitrine. La main gauche se voit, à droite, au bas du tableau.

Il est vêtu d'une robe bleue qui se dérobe au côté gauche sous un manteau carmélite.

Le personnage est de grandeur naturelle.

Bois : haut. 0^m,95; larg. 0^m,85.

SANTI (Raffaello) dit RAPHAEL SANZIO

1483 — 1520 — Urbino

16. — La sainte Vierge et l'enfant Jésus, peinture sur bois.

Marie, assise, vêtue d'une robe rouge et portant un manteau bleu, a, sur ses genoux, l'enfant Jésus couché sur le côté gauche, le haut du corps à droite du tableau.

L'enfant Jésus regarde sa mère en tournant la tête, et sa mère le considère de son côté. On remarque, à la naissance de la jambe droite, une toute petite draperie qui tombe vers la naissance de la gauche. Ses cheveux sont blonds et bouclés. Il a le bras droit posé en cercle devant lui et appuie la main droite sur le haut du bras gauche de Marie. Il tourne l'autre en dehors pour pouvoir porter la main à l'épaule gauche de sa mère.

Marie a un voile sur la tête, qui tombe sur son épaule gauche où l'enfant Jésus le saisit par sa main gauche. Elle a le bras droit replié vers le coude et la main placée au-dessous de son sein. Elle a l'autre bras tombant, ramené par son extrémité sur ses genoux et la main vers la hanche gauche du divin enfant.

Son manteau se voit au haut de son côté droit, sur son épaule droite, reparaît vers le bas de son côté gauche et vient se draper sur ses genoux.

Au haut du tableau, à droite, on remarque une draperie rouge, et, à gauche, une ouverture en forme de croisée par laquelle on voit un paysage.

Au bas, à droite, se trouve un socle sur lequel sont les lettres initiales et les chiffres que voici :

R*.S.V. Æ. X.X X.

Ces chiffres révèlent que Raphaël avait trente ans lorsqu'il a fait cette œuvre. Il était ainsi dans toute la force de son talent.

Bois : haut. 0^m,37 ; larg. 0^m,29.

VANNUCCI (Pietro) dit il PERUGINO

1446 — 1524 — Citta della Pieva

17. — Portrait à mi-corps, peinture sur bois.

Ce portrait, de grandeur à peu près naturelle, est celui de saint Bruno enfant ; il est nimbé.

Ses cheveux châtain clair, divisés au milieu de la tête, lui tombent de chaque côté du cou. Il est vêtu d'une robe verte et porte un manteau rouge.

Ses bras sont repliés vers le coude ; il a les mains jointes sur la poitrine.

Bois : haut., 0^m,60 ; larg. 0^m,37.

VERROCHIO (ANDREA)

1432 — 1488 — Florence

18. — La sainte Vierge et l'enfant Jésus, peinture sur bois.

Marie, assise, vêtue d'une robe rose et portant un manteau bleu, a, sur ses genoux, l'enfant Jésus à demi couché sur une draperie blanche. Son bras gauche, qui tombe, est ramené par son extrémité sur ses genoux, au-dessous de cette draperie, et elle a l'autre passé par derrière les épaules de son enfant.

L'enfant Jésus, dont le haut du corps est à gauche du tableau, a la jambe droite sur la gauche; il tient de sa main droite un fruit et saisit par sa main gauche le voile de sa mère un peu au-dessus de son sein.

Bois : haut., 0^m,36; larg., 0^m,23.

OBJETS D'ART

BUSTE EN MARBRE

CAMBIASO (Lucas)

1527 — 1585 — Moneglia

19. — Personnage inconnu.

Ce personnage a une longue chevelure et est vêtu d'une robe d'hermine mouchetée.

Le nom Cambiaso est taillé dans le marbre derrière le buste.

Haut., 0ᵐ,79.

BUSTE EN MARBRE

CANOVA (Antoine)

1747 — 1822 — Possagno

20. — Victor Amédée III, roi de Piémont.

Prince sage, né à Turin, le 26 juin 1726 et mort à Montcalier le 15 octobre 1796. En 1315, le Comte de Savoie, Amédée V, dit le Grand, défendit l'ile de Rhodes contre les Turcs qui voulaient la reprendre. En mémoire de cet événement, ce prince et ses descendants ont pris pour arme une croix de Malte avec cette devise en quatre lettres F. E. R. T. qu'on explique ainsi : *Fortitudo ejus Rhodum tenuit.*

Or, on voit sur l'épaulette de droite ces quatre lettres initiales.

Haut., 0^m,73.

STATUE ANTIQUE EN BRONZE

(?)

21. — Méléagre.

Cette statue a été trouvée dans des fouilles qui ont eu lieu dans le Midi.

Méléagre est représenté tenant dans la main gauche le tison.

Il était, comme on sait, fils d'Œneus, roi de Calydon et d'Althée.

D'après la fable, il aurait été à peine né, que sa mère aurait vu les trois Parques auprès d'un feu et y mettre un tison en disant : Cet enfant vivra tant que ce tison durera. Les trois Parques ayant disparu, Althée se serait empressée d'aller le retirer, l'aurait éteint et soigneusement conservé.

A quinze ans, Méléagre aurait dû à Diane un sacrifice qu'il aurait oublié de lui offrir. Pour se venger de son indifférence, cette déesse aurait envoyé un sanglier ravager tout le pays de Calydon. Dans une chasse organisée contre le fauve, Atalante l'aurait blessé; Méléagre l'aurait ensuite tué et en aurait offert la hure à Atalante.

Les frères d'Althée auraient été si jaloux de l'offre de cette hure à Atalante, qu'un combat singulier aurait eu lieu entre eux et Méléagre, dans lequel ils auraient péri.

Pour venger la mort de ses frères, Althée aurait mis le tison fatal au feu, et, aussitôt, Méléagre, son fils, se serait senti dévorer les entrailles et aurait misérablement péri.

Haut., 0^m,85.

PARIS. — Impr. J. CLAYE. — A. QUANTIN et Cⁱᵉ, rue St-Benoît. — [2072]